U0710876

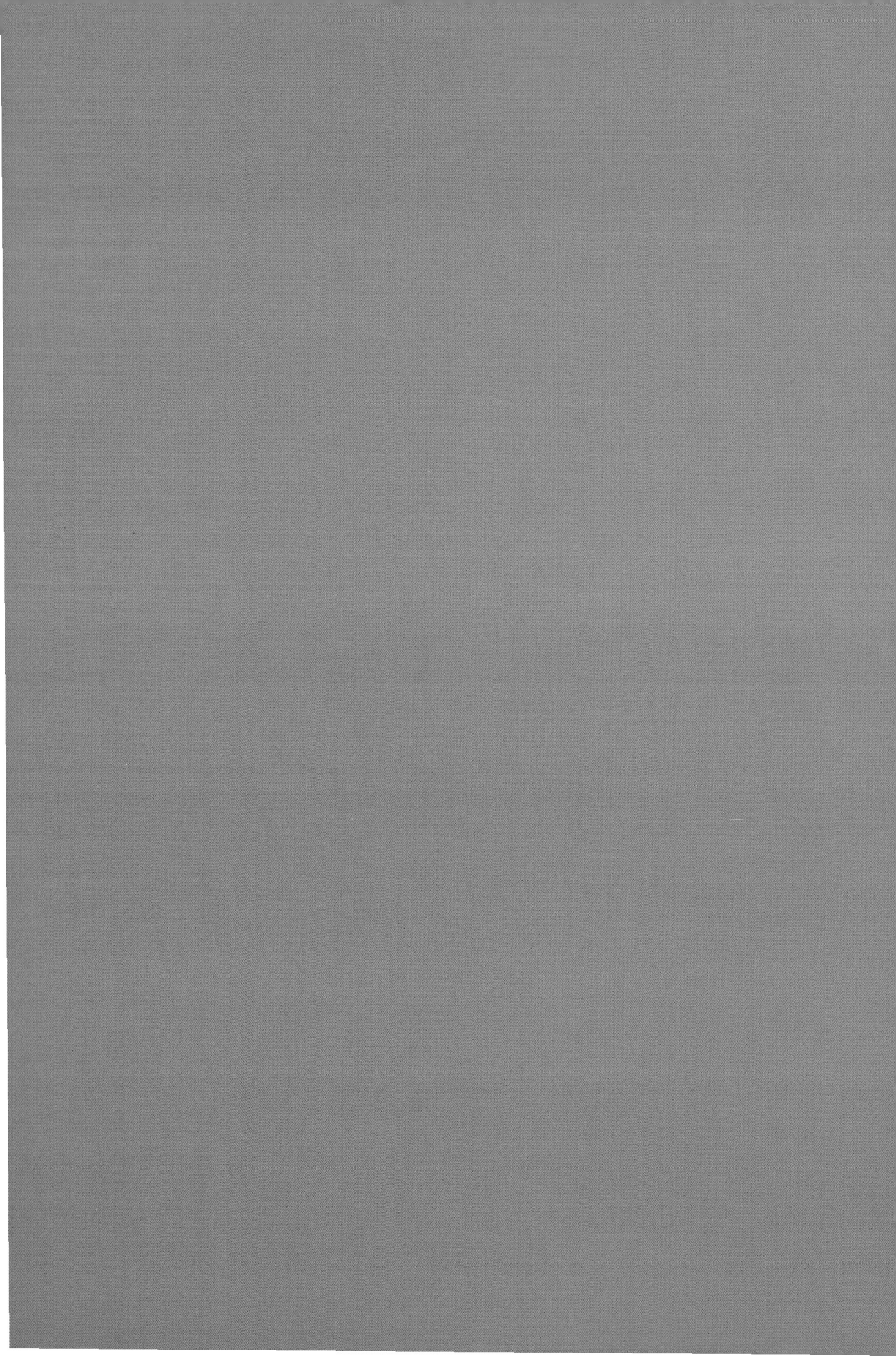

人文·毗卢寺

传义 编

南京大学出版社

序

王晓华

江左佛教,莫盛南朝。唐代杜牧名句"南朝四百八十寺,多少楼台烟雨中",流传千百年,描绘了金陵寺院之壮观风貌。

毗卢禅寺始建于清光绪初年,在南京的寺院中后来居上。据《金陵胜迹志》载,毗卢禅寺之初,是明嘉靖年间的一座小庵。因寺内供奉毗卢遮那佛,意为光明普照,故称为毗卢庵。可能庵太小,在明清两代的方志上不见经传。

那么,毗卢庵是如何变成毗卢禅寺的呢? 这和一位著名的高僧海峰法师有关。

1853年(咸丰三年),太平军攻克江宁(南京),毗卢庵也毁于战火。有湖南籍僧人海峰挂单衡山。同治年间,与湘军官佐、私塾出身的曾国荃相遇。曾国荃因为在与太平军作战中,功加同知衔。海峰说:"观君之相,前途不可限量,恢复金陵,官拜总督,且可以督两江。"曾国荃笑着说:"如我督两江,为你造庵!"

1884年(光绪十年),曾国荃升任两江总督后,他果然不忘履行自己的诺言,亲自带头,并向湘军诸将募捐,很快就给海峰法师募到白银数万两,又从南岳衡山运来香木,就在两江总督府之东辟一块地,大兴土木,将始建于明的一间小庵,扩建成了一座雄伟壮丽的大庙。

清末民初,南京方志大家陈作霖(1837—1920),字雨生,号伯雨,晚号可园,人称可园先生,是我在中国第二历史档案馆同事陈鸣钟先生之先考。据陈作霖老先生在《钟南淮北区域志》中记载:"毗卢庵,光绪中湖南僧海峰募湘军诸将资金重修之,大雄殿、万佛、藏经三楼规制皆备,遂改庵为寺。"

海峰法师应为毗卢寺开山长老,功不可没。海峰法师之后,又有湖南僧人印魁法师担任主持,光大佛业,并收了一位传承衣钵的徒弟倓虚。倓虚后成为现代著名僧人,曾在东北、天津、香港等地创建多所寺院,佛教图书馆,印经处等,著有多种佛学书籍,也成为毗卢寺值得纪念之主持。

1912年(民国元年)4月,辞去临时大总统之位的孙中山先生曾在毗卢宝刹静思。林森、戴季陶、褚民谊等不少崇敬与信仰佛教的国府要员均在此礼佛。自然而然,毗卢寺成为全国佛教之中心。中国佛教会、中华佛学研究会、中国宗教联谊会、首都中医院皆设于此。卓越的佛教领袖、杰出的书法家赵朴初先生长期在此工作,1947年还在毗卢寺召开全国佛教代表会议。

当时的毗卢寺是怎样的法相庄严?

著名财经专家、国学大师、文物保护专家朱偰先生在《金陵古迹图考》中描述:从外面看,"寺东临杨吴城壕,据河东岸而望,崇楼杰阁,梵宇连云,洵城内第一大刹也";从内部看,"山门内为天王殿,再进为大雄殿,殿后为藏经楼;楼东为万佛楼,供万佛塔,塔高五层,绕以八角围屏,上列二十四诸天,雕缕极精,为南都所仅有"。1935年,叶楚伧、柳诒徵主编的《首都志》卷十四有述:毗卢禅寺排建在旧督署,即清两江总督衙门之东,也就是今天的"总统府"之毗邻。

几番风雨,毗卢禅寺遭到摧残,物不是人已非。直到拨乱反正,佛法重光。然而从前之胜迹,早已荡然无存。幸遗有老照片,由传义法师、杨小民等收集整理,编撰成册,在这本《人文·毗卢寺》的"毗卢旧影"中可见一斑。

如今的毗卢寺,旧貌换新颜,堂堂皇皇,在南京城东,俨然胜似昔日之辉煌。在本书"盛世新境"一章中,得以多方展现。如果身临其境,参照旧影,想必感触犹深。

现任毗卢寺住持传义法师,弘扬佛法,再建山门,功劳不亚于前辈;禅理高深,书画俱佳,融为一体,为江苏省国画院特聘书法家,更有赵朴老之遗风。传义法师与我,同是河南老乡,亦师亦友,相得益彰;而杨小民亦属二十多年旧友,不经意间,早已成为国画界之翘楚。嘱我为《人文·毗卢寺》作序,义不容辞,不胜荣幸。理应为毗卢寺添香尽力。时间仓促,一挥而就,舛误之处,还望方家指正。

2018年4月26日晨写于江宁

(注:王晓华,中国第二历史档案馆研究馆员、民国史专家)

目录

毗卢旧影

山门

大雄宝殿之一

大雄宝殿之二(摄于20世纪40年代)

大雄宝殿之三（摄于20世纪40年代）

大雄宝殿之四

大雄宝殿内景(摄于20世纪40年代)

大雄宝殿三世佛

大殿内供桌

大雄宝殿藻井

大雄宝殿前铁铸宝鼎

万佛宝楼

万佛宝楼内主景,塔刹二十四诸天像

万佛宝楼内景之一

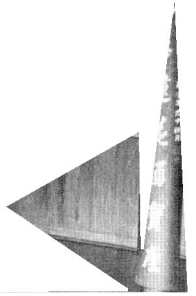

万佛宝楼内景之二

万佛宝楼内五百罗汉塑像

十八罗汉塑像之伏虎罗汉

药师佛塔局部之一（摄于 20 世纪 40 年代）

药师佛塔局部之二（摄于20世纪40年代）

药师佛塔局部之三(摄于20世纪40年代)

药师佛塔局部之四(摄于20世纪40年代)

药师佛塔局部之五(摄于20世纪40年代)

西方三圣像之一

西方三圣像之二

西方三圣像之三(摄于20世纪40年代)

观音楼

观音殿之一

观音殿之二(摄于20世纪40年代)

观音殿中的十一面桧木观世音像(摄于20世纪40年代)

观音殿中的十一面桧木观世音像(日本艺人门井耕云雕刻)

"奉迎东来观音大士圣像筹备委员会"成员与伊藤和四五郎及摩尘法师合影

井藤和四五郎　　大塚洞外　　　門井耕雲　　　熊谷慈光

十一面桧木观世音像雕刻之前桧木迎奉仪式

十一面桧木观世音像局部(摄于20世纪40年代)

十一面桧木观世音像运抵南京下关火车站，信众们在迎请现场（摄于20世纪40年代）

《奉迎东来观音纪念册》，印行于20世纪40年代，翔实
记录了奉迎东来大士十一面观世音菩萨圣像始末

小十一面桧木观世音像(日本艺人熊谷慈光雕刻)，
此像与大十一面桧木观世音像皆取材于同一棵桧木

伽蓝殿（摄于20世纪40年代）

天王殿

斋堂

内院

映彻法师（摄于20世纪40年代）

映彻法师领众熏修之一

映彻法师领众熏修之二

映彻法师领众熏修之三

映彻法师领众熏修之四

映彻法师领众熏修之五

知客师值班(摄于20世纪40年代)

映彻法师方丈室礼佛（摄于20世纪40年代）

映彻法师领众参禅念佛

映彻法师领众食斋

映彻法师升堂拄杖说法

映彻法师在药师佛塔前拜佛(摄于20世纪40年代)

毗卢寺全景(刊于《奉迎东来观音纪念册》)

1961年5月,大谷莹润、西川景文等日本友好人士参访毗卢寺

昨日回眸

20世纪90年代修建的山门

古银杏树(雄性)

古女贞树

宝鼎

古黄杨树

信众礼佛

万佛楼

万佛楼晨曦

万佛楼雄姿

孙中山孙女孙穗芳博士手书碑

五观堂

毗卢禅院

天井寻幽

盛世新境

石雕山门新姿

放生池

大雄宝殿新姿

大雄宝殿庄严气象

大雄宝殿内景

大雄宝殿内十六尊者

大雄宝殿雕花门板

大雄宝殿地面石具

香樟木雕海岛观音

南无观世音菩萨砖刻

大雄宝殿东西回廊

大须弥山

钟楼

钟楼晨曦

暮鼓晨钟

静夜中的自在大佛

毗卢秋意浓

自在大

禅院庄严

巍峨万佛楼

毗卢遮那佛之一

毗卢遮那佛之二

2003年，在日本名古屋和平亭内，毗卢寺方丈传义大和尚与日本国会议员近藤昭一先生以及日本僧人在毗卢寺西去古千手观音像前合影

万佛楼内设的古千手观音像供奉处

雕梁画栋

观音楼三十二观音镂空木雕影壁

观音楼三十二观音镂空木雕影壁(局部之一)

观音楼三十二观音镂空木雕影壁（局部之二）

藏经楼供五方五佛

青石浮雕《护生图》

青石浮雕《二十四孝图》

法堂内景

法堂内九龙屏风

法堂内传义大和尚手绘壁画

普贤殿内景

文殊殿内景

月台

观音楼

太虚大师、映彻和尚、茗山长老、辉坚长老、本振长老祖师德相

五百罗汉堂内七宝如来像

五百罗汉碑

五百罗汉堂内景

五百罗汉堂内千手观音像

五百罗汉堂内地藏王菩萨像

赵朴初办公室陈列

僧众信徒持诵转经轮

宗教活动令牌

地藏王菩萨像

观世音菩萨像

东方药师殿内景

东方药师如来三圣殿

西方三圣殿内景

西方阿弥陀佛三圣殿

木鱼

云板

史料陈列馆内景

史料陈列馆展品之一
清光绪建殿大梁

原文：钦差大臣太子少保兵部尚书两江总督
部堂一等威毅伯曾国荃暨贵官长者公建，大
清光绪拾叁年岁次丁亥闰四月吉日毗卢禅
寺住持海峯募造，两江督中协王幼山监造

史料陈列馆展品之二　明城砖、建筑木构件、经版

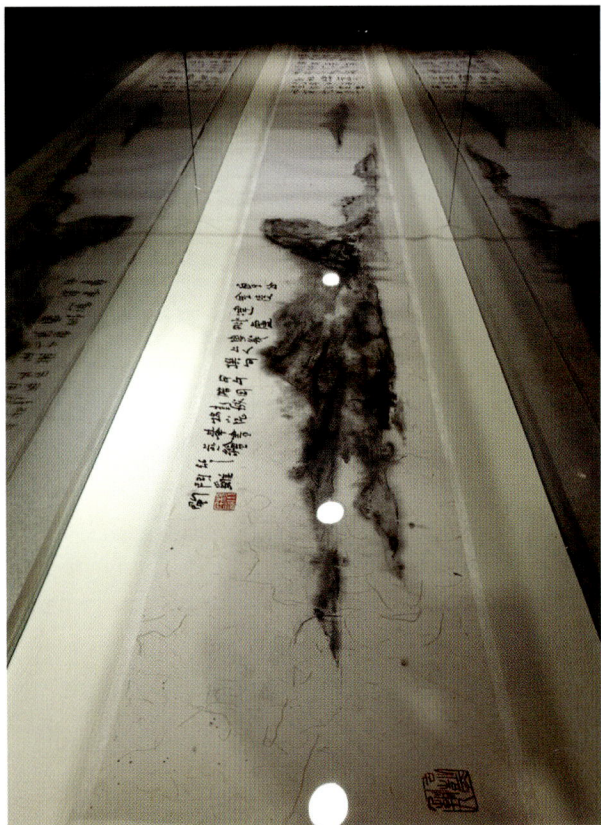

史料陈列馆展品之三 出版物、藏画

太虚讲堂

禅窟小景

图书在版编目(CIP)数据

人文·毗卢寺 / 传义编. —— 南京：南京大学出版
社，2018.8
　　ISBN 978-7-305-20851-5

　Ⅰ.①人… Ⅱ.①传… Ⅲ.①毗卢寺－摄影集 Ⅳ.
①K928.75-64

　中国版本图书馆CIP数据核字(2018)第197707号

出版发行　南京大学出版社
社　　　址　南京市汉口路22号　　　　　邮编　210093
出 版 人　金鑫荣

书　　　名　人文·毗卢寺
编　　　者　传　义
责任编辑　陆蕊含　　　　　编辑热线　025-83592401

照　　　排　南京紫藤制版印务中心
印　　　刷　南京爱德印刷有限公司
开　　　本　787×1092　1/16　印张　8.75　字数　35千字
版　　　次　2018年8月第1版　2018年8月第1次印刷
ISBN 978-7-305-20851-5
定　　　价　180.00元

网　　　址　http://www.njupco.com
官方微博　http://e.weibo.com/njupco
官方微信　njupress
销售咨询热线　(025)83594756

* 版权所有，侵权必究
* 凡购买南大版图书，如有印装质量问题，请与所购
　图书销售部门联系调换